LA TRIBUNE

ET

LE CABINET.

A. PIHAN DELAFOREST,
IMPRIMEUR DE MONSIEUR LE DAUPHIN ET DE LA COUR DE CASSATION,
rue des Noyers, n° 37.

LA TRIBUNE

ET

LE CABINET.

> Arrière ceux dont la bouche
> Souffle le chaud et le froid.

PARIS,

HIVERT, Libraire, rue des Mathurins St.-Jacques, n° 18.
DELAFOREST, Libraire, rue des Filles-St.-Thomas, n° 7.
PONTHIEU, Libraire, au Palais-Royal.

1826.

On trouve chez les mêmes Libraires :

Discussion sur les Rentes.
Discussion sur le Sel Gemme.
Du Projet d'indemnité.
Des Trois pour Cent.
La Chute du Système.
L'Auteur du Système.

LA TRIBUNE

ET

LE CABINET.

LE manque de sens, le manque de foi, sont les traits caractéristiques des grands hommes du siècle; sous ces deux titres de chapitre, on voit se classer servilement, les faits et gestes de leur histoire.

Le manque de sens préside aux conceptions; le manque de foi prédomine dans l'exécution. La succession de l'un à l'autre est rapide et constante : tel principe engendre telle conséquence; la fraude est appelée à voiler les bévues, à pallier les mécomptes.

Dans cet état de choses, la préméditation

n'existe pas. Il ne reste que le flagrant délit ; il y a un degré de moins dans la criminalité : et l'arrêt à intervenir doit être conçu à l'effet de réprimer la fatalité qui poursuit tout ministre, plutôt qu'avec le dessein de punir le ministre qu'aurait atteint cette fatalité.

L'année 1825 en a donné l'exemple le plus frappant, dont le développement, s'il ne doit pas éclairer la justice, peut du moins éveiller la prévoyance.

A la queue d'une loi relative à l'amortissement, après trois articles qui lui tracent des règles, quelques lignes sont jetées dans l'avant-dernier article.

« Les propriétaires des 5 pour 100 auront jusqu'au 22 juin la faculté d'en requérir la conversion en 3 pour 100, au taux de 75. »

Ainsi, une faculté est accordée aux rentiers, une autorisation est donnée au ministre : la loi ne dit pas autre chose. Et même il n'était pas besoin qu'elle le dît ; car nul ministre, si timoré qu'il pût être, n'aurait craint d'obtempérer à une telle réquisition.

Voilà donc une loi qui n'est pas du tout loi pour les rentiers, qui est à peine loi pour le ministre : il faut la voir à l'œuvre.

Au creux de l'imagination fiscale, la hausse des

3 est déja opérée, consommée ; si leur cours n'est pas encore coté à 80 et 85, c'est, en premier lieu, parcequ'il n'en existe pas sur la place ; en second lieu, parceque les jours, quelque peu en retard, n'ont pas permis d'apposer une date certaine en tête des cotes prévisées.

Du reste, c'est un fait. La foi du ministre est si robuste, que le rapport des sens ne saurait l'ébranler ; et, de cervelle en cervelle, elle va s'inoculer, se propager. Il y aura presse à se convertir : gardez-vous d'en douter.

Mais, le rêve est fini. La foule n'inonde plus les parvis, n'assiége plus l'autel consacré au culte nouveau ; on ne sait trop s'il y aura des 5, et moins encore quel sera leur cours.

Or, parceque la loi ne dit rien, faudrait-il qu'elle ne fît rien ? Parceque le ministre s'est trompé en idée, faudrait-il qu'il fût trompé en réalité ? Non, certes.

Tous les moyens sont bons. Des entraves sont imposées à l'indemnité ; des menaces de remboursement grondent de toutes parts : puis surviennent la dilapidation des caisses et la spoliation de l'amortissement. Doit-on réussir ainsi ? Ce n'est pas le point dont il s'agit : la question est plus simple.

En votant la loi, est-ce cela que les Chambres

entendaient? est-ce à cela qu'elles s'attendaient?
S'il est un député sur quatre cents, un pair sur deux cents, qui, la main sur la conscience, dise, oui; que le ministre monte au Capitole!

Sinon, le ministre se sera joué des Chambres.

La forteresse des rentes tenait encore : un premier assaut avait été repoussé; la ruse sera plus heureuse. L'indemnité fait l'office du cheval de Troie; les simples y sont pris et les fourbes rient sous cape : c'est sans coup férir que le pont-levis s'abaisse ; la place est saccagée, est incendiée !

Ce fut au moins une faute. Le ministre avait stipulé en lui-même, que la masse des rentiers subirait le joug; mais il n'y a que trente millions convertis, vingt-quatre millions réduits en 3 ; et l'indemnité s'élève à trente millions, se liquide par cinquième, se précipite sur le marché; le cours des 3 va s'abattre devant la crainte, s'applatir sous le coup. Cela est trop clair.

Il eût fallu imaginer une autre voie ou ajourner l'entreprise : à travers les portes à peine entr'ouvertes, les plans de justice et de finance ne pouvaient passer de front. En donnant le pas au premier, l'homme de bien et l'homme de sens auraient applaudi à l'envi.

Si l'indemnité eût été soldée en la vieille monnaie des 5 pour 100, elle se domiciliait au grand-livre, elle s'armait pour ses pénates, elle s'entourait de boulevards nouveaux; et la rente montant progressivement à 110, 115, 120, l'indemnité réalisait une somme plus forte, le crédit atteignait une cote plus haute, que ne garantit à l'une et à l'autre, le 3 pour 100.

Bientôt le ministre pouvait mettre au jour l'enfant gâté de son imagination : le levier de l'amortissement inutile au soutien des 5, était réduit à moitié et délégué légalement aux 3 ; l'échange de ces valeurs s'offrait à 75, peut-être à 80. Il n'y avait besoin ni de menaces ni de manœuvres ; l'idée, libérée de toute impulsion, s'exaltait d'autant plus vivement; les convertis se pressaient, se succédaient, se félicitaient même, car l'effet haussait.

On s'est mal avancé, il faut se retourner. Autres temps, autres soins; la charlatanerie ne va plus s'écrier : « Un milliard d'accroissement de fortune doit agir puissamment sur l'aisance.... L'indemnité donne un capital d'un milliard qu'on peut réaliser à son gré. »

Le milliard est fondu d'un tiers au moins. Et jamais, pour qui raisonne un peu, le 3 n'eût dû arriver au pair, avant que ce fonds se fût classé en des mains étrangères; jamais le milliard n'eût pu se réaliser en espèces, qu'autant qu'on n'eût pas voulu le réaliser. Le cours des faits l'apprend enfin; il n'est plus question ni du pair ni du milliard.

L'indemnité sera mise de côté, sera ajournée à long terme. Il y aura neuf échelons à gravir, neuf contrôles à subir, de la demande à l'inscription : les deux premiers se montreront faciles; des préfets aux directeurs et des directeurs aux préfets, les élus apparaîtront presqu'en même nombre que les candidats. Il faut de la justice au moins pour le début (1).

On s'arrête vite dans une telle voie. A leur retour chez les préfets, les bordereaux ne s'échappent plus que par moitié, et après leur envoi aux finances, à peine le tiers de cette moitié est expédié à la commission; en sorte qu'elle n'en a encore reçu que 2,700, sur 14,000.

Mais tout cela n'est qu'un hors-d'œuvre. En point de fait, les chiffres comptent seuls et la balance du cours n'est ébranlée que sous le poids des ventes. Juste ou non, claire ou non, la demande n'aura ni plus ni moins de droits à l'inscription; qu'elle se fasse si maigre, si chétive qu'il se puisse, c'est l'unique moyen d'être admise aux honneurs du grand-livre.

D'où il résulte très à propos, qu'au 1er janvier

(1) Etoile du 2 janvier 1826.

1826, les inscriptions se limitaient à 1,670,000 fr. de rentes, qui ne sont délivrées que par cinquièmes.

Les 3 sont sauvés ! L'amortissement de 80 millions, soutiendra 300,000 francs de rentes, sans trop d'embarras; et à la fin de 1826, il n'aura à supporter qu'un million de rentes, au lieu des douze millions dont le menaçait la loi. Tienne le ministre seulement !

L'INDEMNITÉ a frayé la route ; mais un obstacle se rencontre au terme. La légalité du remboursement ne fut jamais présentée qu'à titre d'axiôme ; et ce mode est peu propre à transmettre la conviction. Il existe en outre des scrupules sur la réalité des offres, des répugnances pour l'emploi de la contrainte. Les pairs se sont prononcés ; on n'appelle point de leur arrêt.

Dans cette position périlleuse, il se peut que la raison, confinée en quelque recoin du cerveau, ait été ébranlée un moment ; mais l'imagination, maîtresse du logis, lui impose silence et se dicte un thême nouveau · « Tout ira bien, dit le ministre, *in petto :* la force me manque ; tous les moyens me sont enlevés. Mon ascendant agira seul ; ma parole frappera juste et fort ; il n'est rentier qui soit capable de repousser mes conseils, de se défier de mes vues. »

Telle est l'exaltation de sa foi, qu'il ne craint point d'accumuler toutes les garanties possibles contre le remboursement.

3 janvier 1825. « L'art. 4 du projet accorde aux

rentiers la faculté de requérir la conversion des 5 en 3........ S'ils tiennent à conserver un intérêt élevé, ils resteront dans les 5; s'ils préfèrent l'augmentation du capital, ils convertiront en 3.... Nous avons remis à l'avenir, et à des mesures nécessairement graduelles et divisées en plusieurs années, l'exercice du droit de remboursement, s'il n'y a pas assez de conversions, pour qu'il nous soit permis d'y renoncer complètement. »

26 avril. « Cette crainte du remboursement a-t-elle d'ailleurs quelque chose de réel? Si comme on peut le penser, une grande partie des rentiers reste dans les 5, n'est-il pas évident qu'un remboursement rapproché est peu à redouter?....... Les circonstances exigeraient de nouvelles ressources difficiles à se procurer....... Qu'on cesse donc d'exciter l'inquiétude des rentiers. L'embarras d'employer leur capital n'arrivera peut-être jamais pour eux. »

27 avril. « L'option étant laissée, et la crainte du remboursement n'étant que fort éloignée, tous ceux qui tiennent à l'intérêt plus qu'au capital, conserveront les 5....... On pourrait craindre que l'opération n'offrît aucuns résultats; mais alors, du moins, il serait bien établi que la crainte du remboursement n'a troublé personne. »

9 mai. « S'il y a une masse raisonnable de conversions, il ne sera plus question devant vous des

5 pour 100....... Cette liberté reste entière. Ceux qui tiennent à ne pas perdre sur l'intérêt, resteront dans les 5. D'autres veulent être plus sûrs de rentrer dans leur capital ; ils entrent donc librement dans les 3. »

17 mai. « Il y a beaucoup de bon sens dans notre pays. Cette rectitude de l'opinion fera justice de bien des choses...... Nous savons très bien que l'intérêt particulier nous secondera ; chaque rentier est là pour faire son calcul. »

Sans doute, chaque rentier est là pour faire son calcul ; et chaque rentier reste là après avoir fait son calcul.

Si le résultat n'est pas en harmonie avec les espoirs du ministre, c'est que le rentier se sert de la langue des chiffres, où l'on compte encore par 1, 2, 3, même en matière d'intérêt, où une promesse de capital supplétif équivaut à zéro. Il s'ensuit naturellement que deux mois écoulés ont amené fort peu de prosélytes, et que les adeptes, qui ne pouvaient se regarder sans rire, commencent à froncer le sourcil.

Qu'est-ce donc, s'écrie l'hyérophante ? les autels sont parés et les victimes reculent ! Trop de douceur, trop de candeur ont tout perdu : Gâtez l'enfant, il regimbe ; rudoyez l'homme, il obéit. Mais est-il temps encore ? Y a-t-il moyen encore ? On ne sait. Essayons toutefois.

Là-dessus les valets accourent en foule, les journaliers se mettent à la tâche. Il n'est plus parlé que du remboursement; c'est le refrain obligé de toutes les gazettes : l'écho de juillet ne rend pas d'autres sons. Quelques citations de l'*Etoile* suffisent. On n'ignore pas de quel cabinet émanent ses oracles. Il est curieux de voir comment la plume contredit la langue, comment le ministre renie le ministre.

4 juillet. « Le ministère sera bien fort en se présentant devant les Chambres, avec un projet de remboursement... Les rentes à rembourser seront réduites à 110 millions, résultat qui n'a rien d'effrayant. »

6 juillet. « Nous avons prouvé que le remboursement était inévitable...... L'alternative n'est pas douteuse : conversion facultative cette année, ou remboursement au pair l'an prochain....... Il est faux que le Gouvernement ne pût pas emprunter 2 milliards. »

10 juillet. « Il ne reste plus au Gouvernement qu'à rembourser les rentiers qui n'auront pas converti...... Le ministre n'a plus qu'à porter aux Chambres une loi ainsi conçue : « Le ministre est autorisé à ouvrir un emprunt en 3, à l'effet de rembourser les 5. »

11 juillet. « La question pour la Banque est donc celle-ci : Vaut-il mieux convertir ses rentes

en 3, que de recevoir, l'année prochaine, un capital qu'il faudra enfouir dans ses caves? »

14 juillet. « La *Quotidienne* ment formellement encore, pour rassurer les rentiers sur l'emprunt qui sera proposé l'année prochaine aux Chambres, et qui est le dernier acte, le complément de la grande mesure financière. »

16 juillet. « La liberté d'option fondera le droit moral du Gouvernement, quand, l'année prochaine, il proposera un emprunt pour rembourser. Un pareil emprunt est possible, puisqu'il en a déja été fait pour une somme plus forte. »

Maintenant, comparez les phrases de l'orateur et du folliculaire, non sans observer que les premières furent tenues avant que la conversion eût été adoptée par les Chambres, les secondes, avant qu'elle eût été acceptée par les rentiers : puis, vous jugerez vous-même, car le point est trop délicat à résoudre, si le ministre a menti avec préméditation, ou s'il s'est démenti par distraction.

Jamais ministre ne s'était montré aussi désintéressé dans une cause qui semblait la sienne ; on pouvait croire qu'il n'était que prête-nom, qu'il remplissait son office à regret, qu'il tremblait de faire des dupes. Sa timide délicatesse se refusait à faire valoir les moyens favorables, et cette éloquence entraînante qu'on lui connaît, se surpassait dans le développement des argumens les plus contraires.

« L'indemnité accroît les fortunes d'un milliard, et ce capital peut se réaliser à volonté, » s'écrie le ministre. Mais sur quoi se prélève ce milliard? Sur le fonds commun des 5. Par quoi est remplacé ce milliard? Par trente millions flottans dans les 3. A quoi travaillent ces trente millions? A la baisse progressive des 3. Certes, rien n'est moins séduisant.

« Soyez en paix, ajoute-t-il, le remboursement est peu à redouter, la crainte en est fort éloignée, il n'arrivera peut-être jamais. » Ainsi, le vieux rentier, en conservant 5 pour 100 d'intérêt, peut et doit voir monter son effet à 110, 115, 120 ; d'où vient qu'il en sortirait ?

Or, les scrupules ne sont pas rendus à leur terme. Les gens se trouvent préservés de tout risque en cas de hausse : il faut encore les délivrer des craintes de la baisse, et le ministre s'engage aussitôt, s'oblige à leur consacrer le fonds entier de l'amortissement, tant que le 5 sera au-dessous du pair.

Les paroles qui suivent portent la manifestation éclatante de ces beaux sentimens ; de peur que aucun n'en ignore, elles sont répétées dans cinq séances, par-devant la Chambre haute.

2 avril. « La nouvelle combinaison de l'amortissement se réduit à lui interdire le rachat au-dessus du pair, des rentes que l'Etat a le droit de rembourser au pair..... Lorsque les 5 sont au-dessus du pair, a-t-on encore le droit d'exiger que l'Etat les rachète au cours ? »

16 avril. « Le rentier serait-il satisfait de voir disparaître, par la réduction de l'amortissement, une partie du gage qui lui avait été affecté ?...... Si les rachats doivent cesser à l'égard des 5, c'est seulement quand ils sont au-dessus du pair, mais quand ils tombent au-dessous, l'avantage évident de l'Etat est de les amortir préférablement aux 3. »

26 avril. « Le rentier n'est point menacé d'être déshérité de l'amortissement...... Aussitôt que les

5 tomberont au-dessous du pair, les rachats recommenceront ..... L'Etat fera pour les possesseurs des 5, tout ce qu'il s'est engagé à faire en soutenant le prix de leur rente jusqu'au point où il peut les rembourser. »

27 avril. « Le seul droit qu'aient les rentiers, est de participer à l'amortissement, lorsque le 5 est au-dessous du pair, et c'est ce que la loi leur accorde. »

28 avril. « On soutient que les petites rentes jetées sur la place feront tomber les 5; si cela était vrai, le remède serait à côté du mal, puisqu'aussitôt que les 5 tomberaient au-dessous du pair, le devoir de l'amortissement serait d'y reporter ses rachats. »

Ces engagemens sont formels. Ou le ministre était en état de les tenir, et il serait coupable de les violer, ou le ministre était hors d'état de les accomplir, et il aurait été coupable de les contracter. La commission de l'amortissement est ici hors de cause; ses droits et ses devoirs n'ont point varié; le ministre les connaissait; le ministre donnait sa garantie, il se portait caution; l'obligé secondaire est lié, de même que le principal obligé.

Ces engagemens sont substantiels. Ils font partie des motifs de la loi; et les Chambres ne prennent pas leur résolution sans peser les raisons; les

Chambres n'inventent pas des raisons pour fonder leur résolution. La force de l'acte émane de la volonté, la volonté dérive de l'intention, l'intention se fixe d'après les motifs : les motifs donnent donc l'esprit de la loi ; les motifs sont la loi.

Voyons le texte.

Art. 3. « Les sommes affectées à l'amortissement ne pourront plus être employées au rachat des fonds publics dont le cours serait supérieur au pair. »

Le texte n'exprime qu'une prohibition, qu'une disposition négative.

Les 5 montent-ils au-dessus du pair? les rachats s'arrêtent sur les 5 et se reportent sur les 3. La loi en reste là.

Les 3 tombent-ils au-dessous du prix d'échange? La loi ne dit rien : faites une autre loi, et en attendant, agissez comme s'il n'y avait pas de loi, puisqu'il n'y a pas de loi qui vous parle.

Pour établir une modification, pour imposer une prescription positive, la loi aurait dû être rédigée ainsi.

Art. 3. « Les sommes affectées à l'amortissement ne pourront plus être employées au rachat des autres fonds publics, tant que le cours des 3 sera inférieur au taux de 75. »

Il n'y avait que deux mots à changer ; et la loi était claire dans le sens que lui prête le ministre, depuis le 10 août, autant qu'elle est claire, dans le sens où tout le monde l'entend, après comme avant le 10 août.

Or, de même que le Roi ne peut commettre le mal, la loi ne peut induire en erreur : ce sont les axiômes tutélaires de notre monarchie.

Par malheur, ni l'un ni l'autre de ces priviléges n'est conféré à l'homme ministre, abstraitement parlant. Tel qu'il soit, ses plans sont conçus, sont calculés dans un dessein quelconque. L'événement le surprend à l'improviste, et le trouve sans défense. Doit-il rendre les armes, ou battre en retraite ? N'y comptez pas.

C'est la loi plutôt qui se verra expliquée, interprêtée, contorsionnée, de manière à le sauver des premiers coups, à le couvrir de remparts à la hâte élevés, derrière lesquels il va combiner à tête reposée, quelque fait d'armes plus merveilleux peut-être, et sans doute aussi malencontreux.

Parmi toutes les paroles si naïvement épanchées devant les Chambres, il n'en est qu'une qui puisse être soupçonnée de quelqu'intention séductrice : mais à Dieu ne plaise, que cette accusation frappe sur le ministre. Quand sa voix proclame la hausse inévitable et illimitée des 3 pour 100, elle est inspirée par la force de la conviction : il s'est voué au culte du crédit; pour lui, c'est une religion, une idolâtrie; et sa raison, sa prudence, sa gloire, sont prêtes à s'immoler sur ces autels nouveaux.

« Messieurs, disait-il en 1824, les fonds sont faits et nous pèsent fort; nous vous offrons la conversion; si vous la refusez par humeur, nous vous remboursons. »

« Chers amis, dit-il en 1825, le remboursement n'a rien de réel; mais faites votre calcul, cédez-nous un cinquième sur l'intérêt et nous vous gratifions d'un tiers en capital. »

Or, sous ces formes diverses de langage, le ministre ne cherchait nullement à tromper. En 1824, il avait compté les fonds, il les portait sur ses épaules; c'était comme dans le cauchemar. En 1825, il tenait le crayon à la main, il marquait sur son carnet une série de cours ascendans, il n'attendait plus que la date éventuelle à mettre en marge de la cote du pair. La tribune donnait pour petite pièce, les rêveries renouvelées de Rivoli.

3 janvier. « Tel est, Messieurs, le plan financier au moyen duquel vous pourriez accomplir la grande mesure politique qui doit honorer à jamais cette session, en consolidant le puissant levier de force et de crédit qu'offre l'amortissement, en assurant aux rentes des indemnisés, une hausse assez probable pour atténuer la perte qu'ils éprouveraient, si elles fussent restées longtemps à un taux éloigné de leur prix nominal. »

16 avril. « L'indemnisé préférera-t-il des 5, dépréciés par la réduction de l'amortissement, à des 3 dont la hausse serait assurée par la combinaison du ministère? »

27 avril. « L'État resterait toujours le maître de rembourser au pair, au moyen d'un emprunt en 5, dont l'élévation progressive du cours rendrait les conditions plus favorables. »

9 mai. « On aura un autre effet au-dessus du pair, lequel effet, par suite de l'agiotage, aura été poussé à une valeur supérieure à celle qu'il devrait avoir; de là résultera la facilité d'emprunter des 3 à 80 ou 85.... D'autres s'occupent de l'intérêt de leurs familles, dans l'avenir, et ils

préfèrent les 3, parceque cet effet là présente moins de chances de perte sur le capital. »

Voilà les mots et voici les faits :

Pendant les trois mois de délai, le cours se soutient à peine; trois jours après le terme fatal, le cours s'affaisse soudainement. Et pourtant, il n'y avait à la première époque, qu'un ou deux millions en 3, à la seconde, que vingt-quatre millions. Que serait-il donc arrivé, si la ferveur eût hâté les néophites, si le fanatisme eût gagné tous les mécréans? Nous avons bien des graces à rendre au hasard.

La crise paraît décisive; il est urgent d'en venir aux grands remèdes. Sans trop savoir si ce sont les esprits ou les écus qui font faillite, on jettera des écus sur la place, espérant que les esprits se laisseront prendre à l'appât.

Ici, se déroule une interminable série de manœuvres attentatoires à la dignité du trône, comme à la sécurité des peuples. La Banque est excitée et enhardie; les caisses du Mont de-Piété, des Invalides, des Consignations, sont forcées; les fonds particuliers des receveurs, sont restitués sous condition.

Au moyen de cette quête à main armée, on a bientôt recueilli environ 200 millions, dont l'emploi s'opère en reports sur les 5 : l'intérêt est tenu à un taux modique et les arrérages courans l'acquittent; il reste net, en chances de hausse, en espoirs de bénéfice, la parole d'honneur du ministre. Les joueurs vont donc se jeter sur l'effet, vont lutter les uns contre les autres, impatiens d'atteindre au prix du nouveau mât de cocagne.

Or, qu'est-ce que des reports? Devant la justice ils sont proscrits; au parquet, on les définit, un jeu sur la différence du taux de l'intérêt : le parquet est dans l'erreur et la justice a tort. Les reports constituent un prêt sur gages, cautionné par l'agent de change; entre les particuliers, rien n'est plus simple, plus licite.

Mais quant au Gouvernement, rien n'est plus désastreux, plus scandaleux. Les fonds sont rares et le crédit est morne : c'est comme si les pierres ou le ciment manquaient; jamais l'édifice ne pourrait s'élever hors de terre. L'architecte aura plutôt fait de simuler une façade en planches et en toiles, au risque du premier coup de vent.

Ces capitaux intrus gorgent la Bourse, donnent au cours un embonpoint factice; des fonds libres sont attirés, des marchés exagérés se contractent : leur retraite produit le vide; les écus déboursés ne se retrouvent plus.

Ces capitaux sont enlevés à des emplois sacrés, sont soustraits à l'industrie rurale et commerciale; ils activaient la production, entretenaient la circulation, soldaient la consommation. Que font-ils maintenant?

Ces capitaux se livrent sous la foi du Trésor ou se prélèvent sur ses nantissemens; le Trésor est fait joueur, à ses frais et périls. D'un jour à l'autre les caisses vont être en perte, les services en suspens. Faut-il attendre?

Est-ce à la tribune ou à la barre des Chambres que doit comparaître le ministre ?

N'interrogez point l'Angleterre, ses leçons sont muettes sur ce point. Dans ce pays, il n'y a de discussion que sur le principe de la loi. Le texte est rédigé dans le silence du cabinet, est développé en une série de formules, sous lesquelles viennent se classer toutes les éventualités. Et jamais une expression louche ne s'y insinua ; jamais des conséquences frauduleuses n'en furent extraites.

En France, on veut parler, on ne sait que parler ; il n'est question ni d'écouter ni de répondre. La clôture fait enfin justice ; et la loi sort de l'urne telle qu'elle fut apportée à la tribune, vague et vaine, également susceptible de distension et de contraction.

S'il se rencontre quelque mal-entendu dans les prévisions, aussitôt quelque sous-entendu dans les prescriptions vient le compenser ; si l'événement ne s'accorde pas avec la loi, la loi s'accommode à l'événement. Le fait crée le droit.

Doit-il arriver que la conversion marche pesamment et se traîne avec lenteur? les menaces du remboursement éclatent, tonnent coup sur coup, au mépris des garanties les plus solennelles.

Doit-il arriver que le cours des 5, loin d'aspirer au faîte du pair, recule à l'instant de 76 à 71? le legs de l'amortissement leur est transféré en entier, sans respect pour le droit des rentiers, pour la foi des sermens.

L'imagination éprouve-t-elle le besoin de se flatter d'une hausse prochaine, et bientôt de se rassurer contre l'effroi d'une baisse imprévue, toutes les ruses, toutes les manœuvres sont employées, bien qu'elles soient illégales, immorales, impolitiques.

Enfin, l'expérience, trop chèrement achetée, donne-t-elle lieu de craindre que la loi de l'indemnité, après avoir fait la trouée, vienne encombrer et barrer la route du triomphe; la loi retourne en projet, est reléguée dans les cartons, ne devant plus motiver d'inscriptions que sous le bon plaisir du ministre.

Or, toutes ces mesures, sauf la première dont l'effet était transitoire, sont en plein exercice, en activité permanente, et leurs motifs ne promettent point de cesser; leur fin ne sera atteinte qu'au moment où les 3 pour 100 passeront de la cote vacillante de 65 à 67, au cours immuable de 80 ou 85.

Jusque là, on ne verra point le ministre les priver d'un rachat de 4 millions et leur enlever 200 millions de reports; on ne le verra point laisser tomber sur la place, en 1826 et 1827, 12 et 18 millions des rentes de l'indemnité.

Mais la session s'ouvre. Le pouvoir remonte à sa source et le devoir l'accompagne. Les Chambres ont à se prononcer, les faits sont avérés; une enquête est facile, il n'y a pas moyen de rester neutres.

En gardant le silence, elles approuvent; en ne réprimant pas, elles autorisent. Ainsi, l'abus passe en, usage et l'arbitraire tourne en loi.

Il s'agit de récuser ou d'accepter la responsabilité des actes passés et futurs.

POST-SCRIPTUM.

En comparant l'*Etoile* du 6 février avec celles du 2 janvier et du 5 décembre, on voit que le mouvement des bureaux est rétrograde, de même que le cours de la Bourse.

Les inscriptions effectuées en décembre, s'élèvent à 22 millions, et s'abaissent en janvier à 17 millions, bien que l'instruction des affaires ait dû s'avancer de mois en mois.

Le total des rentes inscrites monte, au 1er février, à 2,170,000 fr., dont 670,000 proviennent de décembre, et 500,000 de janvier. Comme le cinquième seulement est disponible, le marché des 3 n'est encore chargé que de 400,000 fr. de rentes; il ne subira d'autre fardeau qu'à raison de 100,000 fr. par mois, de 1,200,000 fr. par an.

L'indemnité aura reçu, au 1er juillet 1826, 900,000 fr. de rentes; au 1er juillet 1827, 2,100,000 francs, en place de 12 et 18 millions garantis par la loi. Pour parfaire l'œuvre, il faudra justement 25 années : le solde s'acquittera au prochain jubilé.

FIN.

A. PIHAN DELAFOREST,
IMPRIMEUR DE MONSIEUR LE DAUPHIN.